ターンテーブルに乗るC57形蒸気機関車など、多くのSLがねぐらとしていた国鉄の尾久機関区。木造の扇形庫に控える蒸気機関車は
東北本線や常磐線の特急・急行など旅客列車を担当していた。この尾久機関区は1964（昭和39）年、貨物列車を担当していた田端機
関区に統合されて、姿を消すことになる。現在はJR東日本の尾久車両センターが置かれ、宇都宮線・高崎線などを走る電車、機関車の
車両基地となっている。◎尾久機関区　1961（昭和36）年3月　撮影：朝日新聞社

第1章
東北線

◎京浜東北線103系　鶯谷〜上野　1975（昭和50）年　撮影：安田就視

京浜東北線で103系が運用を開始したのは1965（昭和40）年。山手線で初登場を飾ってから１年後のことだった。車体はスカイブルー（青24）号に塗られ、それまでのブドウ色に塗られた旧型国電の渋い印象を刷新するものだった。
◎京浜東北線　田端〜西日暮里　1988（昭和63）年３月13日　撮影：松本正敏（RGG）

新世代の電車として民営化後の1992（平成4）年に製造された901系。落成から程なくして営業運転に就いた。新機能を搭載した
新型車であることを記載したヘッドマークを掲出。運転席には多くの社員添乗している。試作車3編成は後に209系に編入された。
◎京浜東北線　田端〜西日暮里　1992（平成4）年5月7日　撮影：松本正敏（RGG）

架線柱の影が長く伸びる斜光の中を、東北線の普通列車が北に向かって走って行った。国鉄末期に上野口の直流区間で活躍した電車は湘南色の115系だ。東北在来線特急が健在であった時代。10本の線路が並行する日暮里界隈では、多種多様な列車と並走、離合した。◎東北線　尾久〜上野　1973年頃　撮影：荒川好夫（RGG）

昭和60年代に入って東北線、高崎線に投入された211系は寒冷
地仕様の1000、3000番台車だった。1000番台の車内はセミク
ロスシート。300番台はロングシート仕様である。国鉄最後の日。
車体には未だJRマークは貼られていなかった。
◎東北線　赤羽～浦和　1987（昭和62）年3月31日
撮影：荒川好夫（RGG）

現在の秋葉原駅

人波で賑わう秋葉原駅の電気街口。駅周辺には家電から通信機器等愛好家が拘る小部品まで、多種多様な電気製品を扱う店が並んでいた。それを指し示すかのように出入り口付近にビデオカメラや音響機器の広告が下がる。画面奥の「アキハバラデパート」は1951（昭和26）年の開店だった。◎秋葉原　1987（昭和62）年2月11日　撮影：松本正敏（RGG）

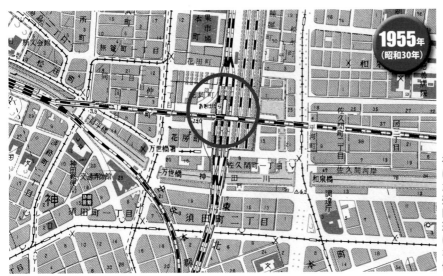

神田川の北に開かれた秋葉原駅にはこの頃、日本鉄道の貨物駅だった時代の名残である掘割が残っていた。万世橋の西側には、旧万世橋駅の駅舎を利用した交通博物館が存在していたが、後に大宮に移転して鉄道博物館となっている。この西側の神田郵便局は、現在も健在である。

上野へ向かってがアメ横の商店街が高架下に続く御徒町界隈。駅の周辺には貴金属を扱う店舗が集まり、昼間でも人波が絶える
ことはない。駅舎は高架下にあり、国鉄（現・JR東日本）の高架線と一、二筋離れた道路の下を地下鉄3路線が通る。現在は北口
の直下を都営地下鉄大江戸線が走る。◎御徒町　1985（昭和60）年11月10日　撮影：松本正敏（RGG）

中央通りと昭和通りに挟まれて、南北に走る京浜東北線と山手線の御徒町駅付近の地図であり、現在は東北・上越新幹線の線路（地下）も加わっている。駅前を東西に通っている道路は春日通り、この駅に近いランドマークは上野広小路交差点に長く店を構える松坂屋上野店である。

1955年
（昭和30年）

現在の御徒町駅

東北、上信越方面からの上京者が最初に東京の土を踏んだ思い出多い上野駅。正面玄関口に建つ駅舎は1932（昭和7）年の竣工。
構内に見える長細い上屋は山手線や常磐線等の高架ホームに被さる。駅舎の奥に東北本線等の列車が発着する地平ホームがある。
◎上野　1981（昭和56）年7月2日　撮影：荒川好夫（RGG）

現在の上野駅

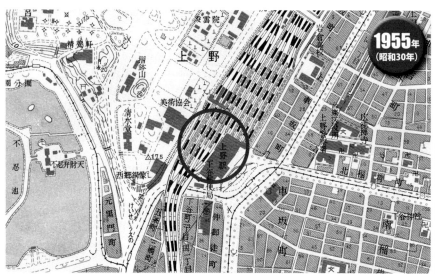

西に不忍池が見え、北西には上
野公園が広がる上野駅付近の
地図。この時期、駅の南側には
下谷郵便局があった。この郵便
局は後に下谷1丁目に移転し、
跡地には京成百貨店上野店が
入ったが、現在は丸井上野店に
なっている。上野公園の待ち合
わせ場所は、公園の南に建つ西
郷銅像である。

公園口側の上野駅舎。正面には不忍池を湛える上野公園や動物園へ続く道が延びる。軒先には「旅のレストラン 日本食堂」と描かれた看板が見える。かつては目的地の終着駅で、または食堂車のテーブル周りに備え付けられた小物等でその名を目にした機会は多く、国鉄時代を偲ばせる脇役である。
◎上野　1981（昭和56）年7月10日
撮影：荒川好夫（RGG）

現在の上野駅

方形屋根が被さる駅舎が建つ鶯谷駅の南口。駅前を横切る道路は国立博物館等がある上野公園へ続く。道路の東側は山手線、常磐線等を跨いで言問い通りへ延びている。駅構内の南側には寛永寺の霊園が広がる厳かな佇まい。街中にあって普段は人影もまばらだ。◎鶯谷　1983（昭和58）年　撮影：森嶋孝司（RGG）

上野公園のもうひとつの最寄り駅となっている、山手線・京浜東北線の鶯谷駅。南口のすぐ西側は寛永寺の第一霊園で、東京国立博物館にも近い。一方、東に行けば、朝顔市で有名な入谷鬼子母神がある。ホテル街となっている北口の駅前には、元三島神社が鎮座している。

1955年（昭和30年）

鶯谷駅
UGUISUDANI STATION

現在の鶯谷駅

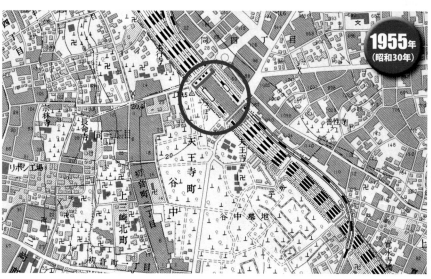

1955年
（昭和30年）

南側には谷中墓地が広がる日
暮里駅。現在は「谷根千」とし
て知られる、庶民的な観光地の
玄関口となっている。一方、東
口がある駅の北側には、駄菓子
屋などが集まる問屋街が存在し
た。現在は尾久橋通りが通って
おり、日暮里・舎人ライナーの
起終点駅が誕生している。

国鉄（現・JR東日本）路線に京成電鉄京
成本線を加えて14本もの線路が並ぶ日
暮里駅界隈。昭和40年代以降の構内で
はホーム等の改良工事が随時行われ、駅
はその姿や動線を目まぐるしく変えて
いった。東北新幹線が上野乗り入れを
果たして間もない頃、駅舎は地平ホーム
の上に建てられていた。
◎日暮里　1983（昭和58）年9月15日
撮影：森嶋孝司（RGG）

現在の日暮里駅

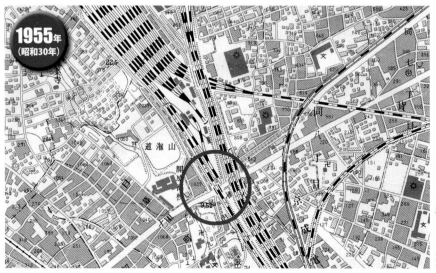

山手線・京浜東北線、常磐線とともに京成本線の線路も集まってくる西日暮里駅付近。国鉄（現・JR）駅の開業は1971（昭和46）年4月で、この時期、駅はまだ開業していない。南側には、大田道灌ゆかりの道灌山が見え、進学校として有名な開成高校のキャンパスもある。

都道を跨ぐ高架線の下に駅舎等が設置された西日暮里駅。1969（昭和44）年に開業した営団地下鉄（現・東京メトロ）千代田線の乗換駅として翌年に開業した。田端〜日暮里間に後発で設置された経緯等から、隣駅日暮里までの距離は0.5kmと短い。
◎西日暮里　1987（昭和62）年2月6日
撮影：松本正敏（RGG）

現在の西日暮里駅

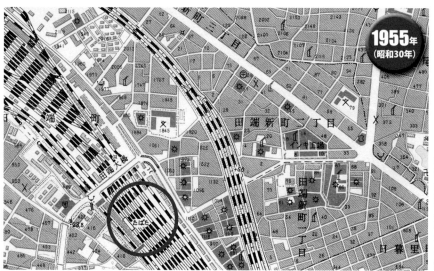

北西に田端操車場、田端機関区があった頃の田端駅の地図。右手の線路が東北本線、左手が山手線・京浜東北線で、現在は東北・上越新幹線の線路も加わっている。駅の北側を通るのは明治通りで、この北側には荒川区が広がり、王子電気軌道から変わった都電荒川線が走っている。

建物の一部が二階建てとなり、第二次世界大戦後に建てられた駅舎で、山手線内等においてよく見られた姿を残していた頃の田端駅。線路を跨ぐ大通りに面した北口に建っていた。当駅の出入り口は西日暮里方にもある。こちらは寄棟屋根の小ぢんまりとした駅舎で駅員は常駐していない。
◎田端　1983（昭和58）年9月15日
撮影：森嶋孝司（RGG）

現在の田端駅

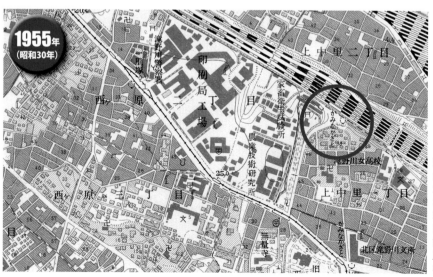

1955年
（昭和30年）

現在の国立印刷局滝野川工場の最寄り駅となっている京浜東北線の上中里駅。開業は1933（昭和8）年7月で、都内では比較的新しい駅である。この時期には農業技術研究所、家畜衛生試験所があったが、現在は滝野川公園、滝野川体育館などに変わっている。

北区上中里付近で宅地化された丘陵地の下を通る京浜東北線。上中里駅舎は線路よりも高い位置に建設された橋上に建つ。ホームは1面2線の簡潔な構造。写真は寄棟の瓦屋根を持つ木造の建物から建て替えられた後の姿である。
◎上中里　1983年（昭和58）年
撮影：森嶋孝司（RGG）

現在の上中里駅

飛鳥山公園の北側に置かれている王子駅。飛鳥山は江戸時代から桜の名所として有名であり、新1万円札の顔となる渋沢栄一の邸宅が存在した。現在は渋沢史料館として公開されている。また、王子で有名なのは現・国立印刷局の王子工場。ここにも現在、お札と切手の博物館が開館している。

現在の王子駅

東北・上越新幹線の建設に合わせて、高架駅となるための大規模な工事が行われていた頃の王子駅。プレハブ建築の仮駅舎の前を女子生徒らが行き来している。現在の王子駅は三層構造で、1階に改札口、2階に在来線ホームがあり、3階を東北・上越新幹線が走っている。◎王子　1983（昭和58）年5月2日　撮影：荒川好夫（RGG）

1955年
（昭和30年）

埼京線（赤羽線）の王子駅の隣駅となっている東十条。駅の開業は1931（昭和6）年8月で、当初は「下十條」の駅名を名乗っていた。この当時、東側には広大な十条製紙（現・日本製紙）の工場が存在した。駅のすぐ西側にある学校は、北区立荒川小学校である。

北区西部の住宅街にある東十条駅。南
口の駅舎は鉄道を跨ぐ道路に隣接した
橋上に建つ。東北新幹線上野〜大宮間
が1985（昭和60）年に開業。在来線と
並行するように建設された高架橋に阻
まれ、当駅付近より東側に開けていた眺
めは一変した。
◎東十条　1983（昭和58）年
撮影：森嶋孝司（RGG）

現在の東十条駅

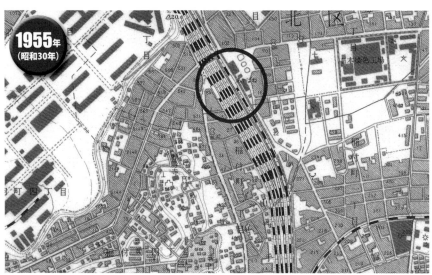

アメリカ軍の東京兵器補給廠
（TOD）があった赤羽駅周辺の地
図。駅南西の静勝寺は、曹洞宗
の寺院で、このあたりには室町
時代の武将、大田道灌が築城し
た稲付城が存在した。この寺は
道灌の死後、1504（永正元）年
に城の一角に堂が建立され、道
灌寺となったのが始まりである。

東北新幹線の上野延伸に伴い、構内を新幹線が通過するようになった赤羽駅。新幹線の建設工事を機に在来線のホーム等は順次高架化されていった。新幹線の高架で様変わりした西口に対して、東口には1967（昭和42）年に竣工した駅舎が残っていた。
◎赤羽　1983（昭和58）年5月2日
撮影：荒川好夫（RGG）

現在の赤羽駅

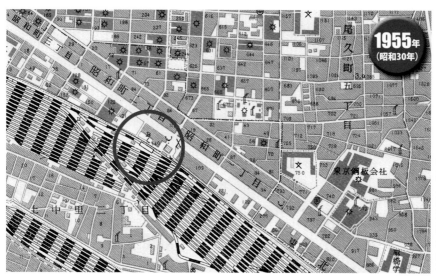

宇都宮線（東北線）、高崎線の列車が停車する尾久駅。現在は上野東京ラインの開通で東海道線に直通運転される。駅の所在地は北区昭和町で、南側は上中里2丁目である。この時期、尾久駅の北側一帯には、右下に見える東京鋼板会社をはじめとする、多数の工場が存在していた。

広大な車両基地に隣接する尾久駅。駅
舎は線路と並行する明治通り側に建つ。
ホームは1面2線の簡潔な構造で、宇都
宮方面との間を行き来する東北線、大宮
から分岐する高崎線の列車が停車する。
写真は駅舎の後ろに湘南色塗装の115
系近郊型電車が見える国鉄時代の情景。
◎尾久　1983（昭和58）年11月1日
撮影：荒川好夫（RGG）

現在の尾久駅

明治通りを挟んで、池袋駅の東側に見えるバスターミナル、駅前広場。池袋駅の東口側は太平洋戦争の戦災からいち早く復興し、整備が進んでいた。整然と並んだバス停の前には路線バスが見え、乗車を待つ人の姿もある。一方、駅舎、線路の向こうに見える池袋西口側にはバラックの街並みが続き、東口とは対照的に復興は遅れていた。この年12月、南側に東横百貨店が開店するものの、周辺が再開発されるのはさらに先であった。◎池袋駅東口　1950 (昭和25) 年12月22日　撮影：朝日新聞社

第2章
山手線、赤羽線

◎埼京線205系　新大久保　1991（平成3）年6月　撮影：安田就視

1985（昭和60）年に国鉄通勤型電車の標準系であった103系の後継車両として山手線に投入された205系。車体の素材に軽量ステンレスを採用し、重量の軽減が図られた。旧国鉄の分割民営化後もJR東日本、西日本で増備が続けられた。
◎山手線　田端〜西日暮里　1996（平成8）年10月22日　撮影：荒川好夫（RGG）

都内北部の繁華街池袋と赤羽を結ぶ赤羽線。住宅街が続く北区内を線路は縦断する。十条駅の南側には中学高校から大学まで多くの学校が集まっている。かつては池袋、板橋駅で貨物の取り扱いがあり、貨物輸送の主流が山手貨物線へ移行するまでは貨物列車も往来していた。◎赤羽線　赤羽～十条　1983（昭和58）年10月2日　撮影：森嶋孝司（RGG）

ウグイス色(黄緑6号)とカナリアイエロー(黄5号)の混色編成がやって来た。いずれも他路線から転属した車両を短く組み直したために出現した編成だ。車両検査が実施されると、全ての車両が同じ色に塗り替えられるのだろう。
◎赤羽線　赤羽〜十条　1983(昭和58)年11月1日　撮影：荒川好夫(RGG)

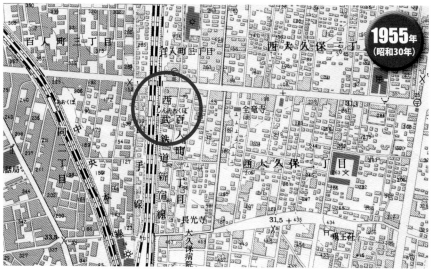

西側には中央線の大久保駅があり、東側にはこの山手線の新大久保駅が存在している。現在は住宅地、商業地になっているが、江戸から明治にかけてはツツジの名所として有名だった。現在、駅周辺はおいしい韓国料理が味わえる、コリアンタウンとして知られている。

旧駅舎時代より大久保通りに面して出入り口が設けられていた新大久保駅。1914（大正3）年の開業である。明治期に開業した中央本線（開業時甲武鉄道）大久保駅の近隣に開設された駅として「新」の名称を冠せられた。目白駅と共に数少ない山手線内の単独駅である。
◎新大久保　1983（昭和58）年9月15日
撮影：森嶋孝司（RGG）

現在の新大久保駅

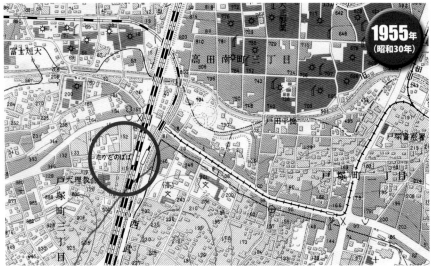

この時期、高田馬場駅周辺に
は、「高田」「戸塚」の地名が広
がっている。現在、駅の南側は
高田馬場1〜4丁目になってい
るが、この地名（住居表示）は
1975（昭和50）年に誕生してい
る。この時期、神田川の北側に
は大正製薬、中外製薬などの工
場が存在した。

山手線と西武鉄道新宿線、営団地下鉄
（現・東京メトロ）東西線が乗り入れる高
田馬場駅。早稲田通りに面した早稲田口
の駅舎は山手線と西武線の高架ホームに
挟まれて建つ。現在は埼京線、湘南新宿
ライン等の旅客列車が走る山手貨物線が
山手線と並行しているが、当駅にホーム
等の乗降施設は設置されていない。
◎高田馬場　1983（昭和58）年9月15日
撮影：森嶋孝司（RGG）

現在の高田馬場駅

現在の目白駅

寄棟屋根の駅舎が健在であった頃の目白駅。出入り口は目白通りに面し、客待ち顔のタクシーが、至近で列をつくっていた。駅の東側には学習院大学の敷地が広がる。また画面よりさらに左方へ目を向けると、新宿の高層ビル群を見渡すことができる。
◎目白　1983（昭和58）年9月15日　撮影：森嶋孝司（RGG）

1955年
（昭和30年）

学習院大学のお膝元、目白駅周辺の地図である。目白通りの北側には川村学園、豊島区立目白小学校が並び、目白警察署も存在している。川村学園は現在、駅の南西に川村学園女子大学目白キャンパスを構えている。駅のすぐ西側に見える神社は、目白豊坂稲荷神社である。

西武百貨店は池袋駅の東口に本店を構える。1969（昭和44）年には閉店後の百貨店東京丸物を新店舗「パルコ」として開店。ファッションビルとしての性格を強くし、昭和後期以降に若者文化、風俗を席巻したデザイナーズブランド等の普及に貢献した。
◎池袋　1986（昭和61）年11月27日　撮影：松本正敏（RGG）

現在の池袋駅

現在の池袋駅

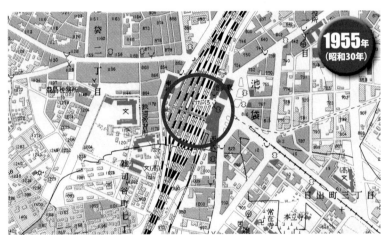

1955年
（昭和30年）

東口に西武、西口に東横という2つの百貨店が見える池袋駅。1950（昭和25）年に
誕生した東横百貨店は後に、1962（昭和37）年に誕生した東武百貨店に店舗を譲渡
した。西口側では2つの学校の移転などで、現在は西口公園、東京芸術劇場などが誕
生している。

国鉄（現・JR東日本）の構内を挟んで大手鉄道会社の東武と西武が運営する百貨店
が並び建つ池袋駅。窓周りを被う格子状の壁面が印象的な西口に建つビルへ出店し
ているのは東武百貨店である。1962（昭和37）年に開店し、1990年代に入って増
床された。◎池袋　1986（昭和61）年11月27日　撮影：松本正敏（RGG）

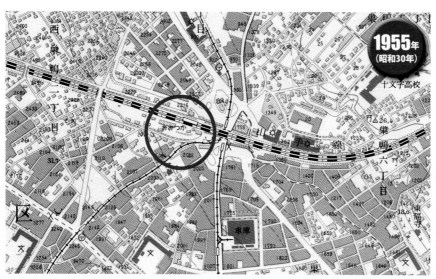

この地域では、池袋駅より早く
都電（路面電車）が集まってき
た大塚駅の周辺地図で、南側に
は車庫も見える。現在も荒川線
が大塚駅前から発着している。
駅の西側では、道路が山手線を
渡る陸橋が空蝉橋と呼ばれてい
る。初代の空蝉橋は、1903（明
治36）年に架橋された。

高架ホームに隣接して緩い三角屋根の
駅舎が建っていた大塚駅。構内の巣鴨
方に東京都交通局（都電）荒川線の都
電大塚駅前停留場が隣接する。山手
線と都電を乗り継ぐには、駅舎内の改
札口を通らねばならない。都電は南口
駅前を横切っている。
◎大塚　1983（昭和58）年9月15日
撮影：森嶋孝司（RGG）

現在の大塚駅

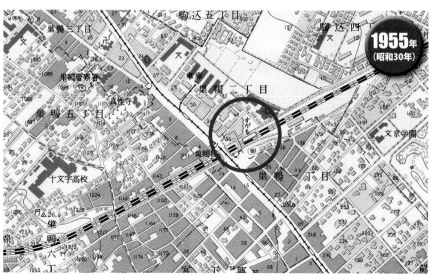

巣鴨駅を通る白山通りの都電は現在、都営地下鉄三田線に変わっている。北側に存在した都電の巣鴨車庫は、都バスの車庫（巣鴨営業所）になっている。この時期、巣鴨駅の北西にあった巣鴨警察署は現在、十文字高校の南西の山手線沿い（北大塚1丁目）に移転している。

とげぬき地蔵で知られる高岩寺や参道
に建ち並ぶ商店街が年配者に人気の
巣鴨も最寄り駅。駅舎の下を複々線の
線路が通る。掘割状になった大塚方の
線路沿いには桜並木が。出入り口付近
の上屋下に都営地下鉄三田線の駅へ
続く階段がある。
◎巣鴨　1983（昭和58）年9月15日
撮影：森嶋孝司（RGG）

現在の巣鴨駅

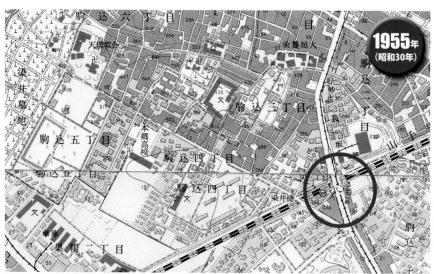

南側に紅葉の名所として知られる、六義園がわずかに見える駒込駅周辺の地図である。この駒込駅の北側にも、都電の駒込車庫が存在した。駅の西側で山手線を渡る陸橋は、染井橋と呼ばれている。この「染井」付近は、サクラの代表的な品種「ソメイヨシノ」の故郷である。

本郷通りに面して駅舎が建つ駒込駅。本郷通りの直下には現在、営団地下鉄（現・東京メトロ）南北線が通る。駅前には観賞用の桜として広く知られるソメイヨシノ発祥の地として整備された染井吉野記念公園がある。また田端方400m程先には山手線内で唯一の踏切となった第二中里踏切がある。
◎駒込　1983（昭和58）年5月2日
撮影：荒川好夫（RGG）

現在の駒込駅

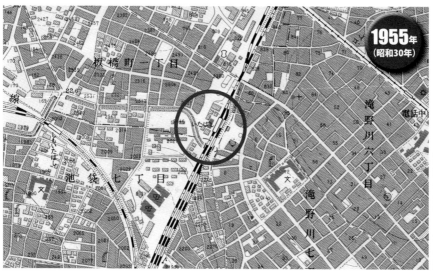

西側に東武東上線の下板橋駅
が見える、赤羽線の板橋駅周辺
の地図である。赤羽線の西では
北側は「板橋町」（現・板橋）、
南側は「池袋」（現・池袋本町）
に分かれ、東では「滝野川」の
地名（住居表示）が広がってい
る。駅の東側に見える学校は、
北区立谷端小学校である。

板橋口（西口）の旧駅舎。板橋駅の所在地は板橋区板橋1丁目だが、構内は北区、板橋区、豊島区の境界に跨る。西口駅舎は板橋区、2020（令和2）年に開業したJR板橋東口駅ビルの大部分は北区に属する。1999（平成11）年まで貨物駅を併設していた。貨物扱いの廃止後、残された側線は訓練所等として活用された。
◎板橋　1983（昭和58）年9月15日
撮影：森嶋孝司（RGG）

現在の板橋駅

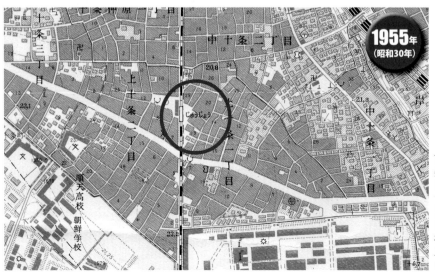

南北に真っすぐ走る赤羽線に十条駅が置かれている。南側一帯は戦後、アメリカ軍に接収されて東京兵器補給廠（TOD）となり、現在は自衛隊の十条駐屯地に変わっている。いくつかの学校が見える中、西側には北区立王子第五小学校、板橋区立加賀中学校が存在している。

東北本線都区内の拠点駅、赤羽の隣駅は十条。京浜東北線の東十条駅とは中十条町内の道伝いに600mほど離れている。構内の南側を環七通りへ続く都道の通りが横切る。赤羽線は赤羽〜池袋間が山手線から分離されて1972（昭和47）年に誕生した。現在は埼京線と言う通称名で定着している。
◎十条　1983（昭和58）年9月15日
撮影：森嶋孝司（RGG）

現在の十条駅

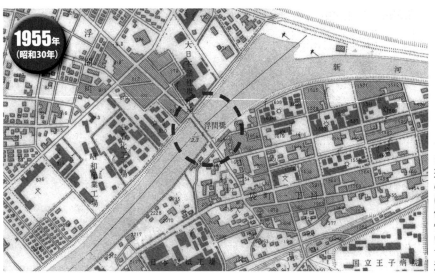

1985（昭和60）年９月、埼京線
（正式路線名は東北本線）が開
通し、北赤羽駅が開業する以前
の地図である。駅が置かれるの
は新河岸川に架かる浮間橋の南
側である。この時期、大日本活
性炭工場などの工場が林立して
いたが、現在は住宅地に変わっ
ている。南西の学校は、北区立
浮間小学校である。

埼京線の開業と共に新設された北赤羽駅。頑強そうな造りの高架下に駅舎等の施設が収められた。壁面を白く塗られた近代的な設えながら、出入り口の側に置かれた売店の装いが、昔ながらの停車場らしい雰囲気を残す。駅の開業を祝う看板には「東京北鉄道管理局」と記載されていた。
◎北赤羽　1985（昭和60）年
撮影：森嶋孝司（RGG）

現在の北赤羽駅

北区と板橋区の境にある浮間公園近くに建つ浮間舟渡駅。名称は駅が隣接する北区と板橋区双方の町名を合わせてつけられた。
当駅は埼京線と同時に開業。高架部分と一体化したホーム周りの壁面や、軒下に並ぶ自動券売機等が近代的な施設に見せている。
◎浮間舟渡　1986（昭和61）年　撮影：松本正敏（RGG）

現在の浮間舟渡駅

1956（昭和31）年12月、歳末の物資輸送に携わる国鉄隅田川駅の駅員たちの姿である。この駅は1896（明治29）年12月に日本鉄道の貨物駅として開業。当初は南側の秋葉原駅が一手に担っていた、現・東北本線、常磐線方面から運ばれてくる荷物を分散するのが目的であり、この駅では主に常磐炭田の石炭を受け入れてきた。駅の所在地は荒川区南千住4丁目で、西側に旅客駅の南千住駅が存在している。◎隅田川駅　1956（昭和31）年12月26日　撮影：朝日新聞社

第3章
常磐線

◎常磐線103系　上野　1991（平成3）年6月　撮影：安田就視

常磐緩行線と営団地下鉄（現・東京メトロ）千代田線の相互直通運転開始に先立ち、1970（昭和45）年に登場した103系1000番台車。制御車の前面に貫通扉が設置され、正面の窓には傾斜が付けられた。車体の地色は灰色8号。これに青1号の帯を正面に1本、側面に2本巻いた塗装だった。◎常磐線　松戸〜金町　1975（昭和50）年4月23日　撮影：荒川好夫（RGG）

国鉄近郊型電車の姿を踏襲する415系は1971（昭和46）年からの製造。50Hzと60Hzの商用周波数に対応する主変圧器を搭載し、直流電源と合わせて三電源に対応した交直両用電車だ。車体塗装はつくば万博開催を前にクリーム10号の地色と青20号の帯を巻く仕様に1983（昭和58）年から変更された。◎常磐線　三河島〜日暮里　1989（平成元）年3月11日　撮影：荒川好夫（RGG）

常磐緩行線で擦れ違う203系と営団地下鉄（現・東京メトロ）6000系。203系は1982（昭和57）年より当路線へ投入された。前年に中央線で運用を始めていた201系と同様な基本設計で、車体をアルミ製として制作費の軽減を図った。100番台の量産二次車両では、細部の仕様を変更し、さらに軽量化と製作費軽減が進められた。
◎常磐線　亀有〜金町　1986（昭和61）年5月16日　撮影：荒川好夫（RGG）

亀有駅に入線する207系。国鉄が試作した唯一の営業用VVVFインバータ制御車両だった。10両編成1本のみが製造され、車両番号は900番台となった。車体はステンレス製。1986（昭和61）年の製造で2009（平成21）年まで常磐緩行線、営団地下鉄（現・東京メトロ）千代田線で運用された。◎常磐線　綾瀬〜亀有　2008（平成20）年1月3日　撮影：米村博行（RGG）

ゆったりとした線路配置の列車別複々線区間を行く103系。快速線用の車両はエメラルドグリーン（青緑1号）の一色塗りだった。
1967（昭和42）年に10両編成で投入されたが、千代田線との相互直通運転が始まると緩行線への利用客移行を見込んで8両に減
車された。しかし、見込み違いで混雑が増したため、1972（昭和47）年には再び10両編成に戻された。
◎常磐線　金町〜亀有　1972（昭和47）年2月3日　撮影：荒川好夫（RGG）

都内葛飾区と千葉県松戸市をつなぐ江戸川橋梁を快走する103系快速電車。ほかに江戸川を渡る鉄道は北から東武アーバンパーククライン、武蔵野線、つくばエクスプレス、北総線（成田スカイアクセス線）、京成本線、総武線、地下鉄東西線、京葉線である。なお、都営新宿線は江戸川の下を走る。◎常磐線　金町〜松戸　1983（昭和）58年12月9日　撮影：荒川好夫（RGG）

80

常磐線は日暮里を出ると並行して来た他の路線と離れて大きく東へ進路を変える。急曲線に車体を軋ませながらやって来た電車
は401、403系。常磐線の電化に合わせて製造された交直流両用電車だ。国鉄時代は近郊型交直流電車が標準としていた赤13号
とクリーム4号の二色塗装だった。◎常磐線　日暮里〜三河島　1983（昭和58）年11月16日　撮影：荒川好夫（RGG）

415系では国鉄分割民営化前年の1986（昭和61）年から車体、台車等を従来車両より変更した1500番台車を製造した。車体は軽量ステンレス製になり、制御車の前面部はFRP製の成型品となった。外観は大きく変わったものの、従来車両との併結も想定していた。◎常磐線　北千住〜松戸　1987（昭和62）年9月15日　撮影：松本正敏（RGG）

日暮里から他の国鉄（現・JR東日本）路線
と分かれた常磐線は180度近い曲線を描
いて三河島駅に到着する。当駅へは常磐線
本線と別に、田端方面より複線の線路が延
びる。線路は駅構内を過ぎて南千住方で
常磐線と合流して三線形状となる。その内
の1本は南千住駅に隣接する隅田川貨物駅
へ続く。
◎三河島　1982（昭和57）年8月19日
撮影：森嶋孝司（RGG）

現在の三河島駅

隅田川駅は東京貨物ターミナル駅と並ぶ東京の貨物駅である。1896（明治29）年に開設された隅田川駅は当時、貨物運搬手段として水運を重視し、隅田川に面した当地が選ばれた。現在、駅周辺は再開発によって建築された超高層マンションが広がる。
◎隅田川　1999（平成11）年　撮影：荻原二郎

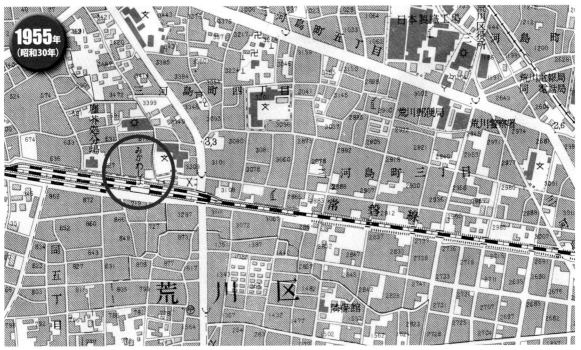

この常磐線の三河島駅の所在地は、荒川区西日暮里1丁目。かつては北豊島郡に三河島町があり、1932（昭和7）年に東京市に編入されて、荒川区の一部になった。その後も、「三河島」の地名（住居表示）は残っていたが、戦後に「荒川」「西日暮里」などに変わり、現在は存在しない。

常磐線に置かれていた南千住駅
は現在、東京メトロ日比谷線、つ
くばエクスプレス線との連絡駅
となっている。東側には、現・
JR貨物の隅田川駅が広大な敷地
を有している。中央やや西に見
える小塚原志士墓所（回向院）は
小塚原刑場跡で、吉田松陰、橋
本佐内らの墓が存在している。

常磐線が大きな曲線を描き、隅田川
を渡る手前に設置された南千住駅。
1961（昭和36）年に営団地下鉄（現・
東京メトロ）日比谷線　当駅～仲御徒
町間が開業して接続駅となった。日比
谷線は翌年に北千住まで延伸。現在は
首都圏新都市鉄道（つくばエクスプレ
ス）の駅もある。
◎南千住　1988（昭和63）10月16日
撮影：安田就視

現在の南千住駅

現在の北千住駅

常磐線に営団地下鉄（現・東京メトロ）千代田線が乗り入れる接続点となっている北千住駅。旧駅舎は学校の校舎や町役場を連想
させる、武骨なコンクリート造りの建物だった。1985（昭和60）年に駅ビル「北千住ウイズ（現・ルミネ北千住）」が開店し、周囲
の雰囲気は刷新された。◎北千住1982（昭和57）年8月　撮影：安田就視

江戸時代から日光・奥州街道の
宿場町として栄えてきた北千住。
常磐線の北千住駅は現在、東武ス
カイツリーライン（伊勢崎線）、東
京メトロ日比谷線、千代田線、つ
くばエクスプレス線との連絡駅
となっている。駅東側にあった
専売公社倉庫はその後、東京電機
大学の東京千住キャンパスなど
に変わっている。

1955年
（昭和30年）

北千住駅

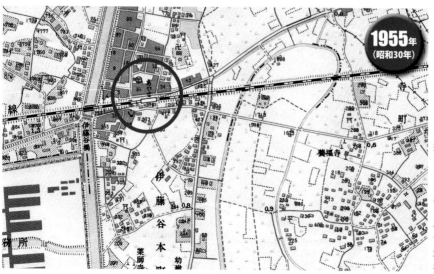

1955年
（昭和30年）

綾瀬川に架かる伊藤谷橋が見える綾瀬駅周辺の地図。南西には小菅刑務所がある。この時期には農地が広がっていたが、その後に営団地下鉄（現・東京メトロ）千代田線が延伸し、綾瀬一帯はベッドタウンとして発展することとなる。「普賢寺」の地名は、かつての南足立郡の村名に由来している。

常磐線が荒川を渡った先にある綾瀬駅。1968（昭和43）年に現在地へ移転した折には駅施設を営団地下鉄（現・東京メトロ）が建設した。当駅より地下鉄千代田線が北側へ分かれ、2.1km先の北綾瀬まで延びている。
◎綾瀬　1982（昭和57）年8月19日
　撮影：森嶋孝司（RGG）

現在の綾瀬駅

環七通りを跨ぐ常磐線の高架上に設置された亀有駅。1971（昭和46）年に綾瀬〜我孫子間の複々線化が完成し、優等列車、快速等と普通列車等の走行する線路が分離された。同時に当駅は地下鉄千代田線へ直通する緩行線の列車のみが発着する駅になった。
◎亀有　1982（昭和57）年8月19日　撮影：森嶋孝司（RGG）

アニメ「こち亀」で有名になった亀有公園は、この亀有駅のすぐ北に見えるものの、公園前の派出所（交番）は存在しない。一方、駅前には亀有駅北口交番が置かれている。駅南東に見える亀有香取神社は、古くから亀有村の鎮守であり、現在は環七通りの東側に鎮座している。

1955年
（昭和30年）

現在の亀有駅

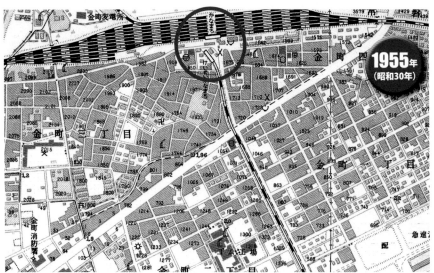

京成金町線の京成金町駅と連絡している、常磐線の金町駅南口付近の地図である。京成金町線のルーツは、柴又帝釈天の参詣者のために開かれた帝釈人車鉄道で、当初は人が車を押す人車軌道のスタイルだった。北西に見える金町変電所は現在、金町自動車教習所に変わっている。

中川と江戸川に挟まれた広い洲の中に
ある金町駅。常磐線では東京都区内最
東端の駅だ。常磐線の緩行線を走る電
車のみが停車する。また、総武線の小
岩駅（新小岩信号場）から延びる貨物
支線（新金線）が乗り入れる。京成電
鉄京成金町線の終点、京成金町駅は当
駅の南口側に隣接する。
◎金町　1982（昭和57）年8月19日
撮影：森嶋孝司（RGG）

現在の金町駅

まばゆいばかりのネオンで彩られている江東楽天地、天然温泉。錦糸町駅の駅前にあったレジャー施設で、現在は錦糸町パルコが入る楽天地ビルが建ち、その最上階に楽天地天然温泉法典の湯（みつびーの湯）がある。東京の「楽天地」は、この錦糸町駅前の施設が有名だが、かつては浅草にも浅草楽天地が存在した。また、大正から昭和にかけては大阪・千日前にも、水の都の新名所として「楽天地」が存在した。◎江東楽天地　1960（昭和35）年12月14日　撮影：朝日新聞社

第4章
総武線、京葉線

◎総武線103系　浅草橋～両国　2000（平成12）年6月　撮影：安田就視

1972 (昭和47) 年に東京〜錦糸町間の地下区間が新規開業し、御茶ノ水〜錦糸町間は総武本線の支線となった。支線区間では一部を除き中央線へ直通する緩行線の電車ばかりが行き交う。錦糸町〜千葉間は、快速線と緩行線が並行する線路別複々線区間である。写真の電車は長年に渡り活躍した101系。◎総武線　両国〜錦糸町　1983 (昭和58) 年11月22日　撮影：荒川好夫 (RGG)

20年以上に亘って中央・総武緩行線で活躍した103系は、国鉄型電車の101系、201系、民営化後に登場した209系500番台車や地下鉄車両の05系等、当路線を走った多くの電車と併用されてきた。緩行線への投入は中央線の快速運用が終焉に差し掛かりつつあった1979（昭和54）年からだった。◎総武線　秋葉原〜浅草橋　2000（平成12）年5月3日　撮影：荒川好夫（RGG）

1981(昭和56)年に中央線の快速で営業運転を開始した201系は、翌年に中央・総武緩行線にも投入された。車体の塗色はカナリアイエロー（黄5号）で、オレンジバーミリオン（朱色1号）の快速が走る複々線区間では、異なる塗装の同形車両が並走した。
◎総武線　秋葉原〜浅草橋　2000（平成12）年5月3日　撮影：荒川好夫（RGG）

2000（平成12）年よりJR世代の電車であるE231系が中央・総武緩行線に投入された。当初は編成に6扉車1両を組み込み、制御車の運転台下部にはデザイン化された「6DOORS」の表記があった。同車両の試作車だった209系950番台車や500番台車と併用された。◎総武線　御茶ノ水〜秋葉原　2000（平成12）年5月3日　撮影：荒川好夫（RGG）

総武線の起点東京駅の地下ホームを発車した電車は、江戸通り直下の地下区間を通り隅田川の底を潜った先で地上に出る。トンネル
出口付近にある両国駅には停車せず、御茶ノ水から延びて来た緩行線と並行して錦糸町へ向かう。
◎総武線　馬喰町〜錦糸町　1974（昭和49）年7月26日　撮影：荒川好夫（RGG）

横須賀線と総武線の直通運転に際して一部区間が地下化された。地下区間への乗り入れに対応した車両が113系1000番台車だ。各部に難燃性の部品が用いられた。また、従来は前照灯と貫通幌の間にあったタイフォンは下部に設置され、正面周りが既存の車両と異なる表情になった。◎総武線　馬喰町～錦糸町　1983（昭和58）年2月27日　撮影：森嶋孝司（RGG）

貨物線であった京葉線が1986（昭和61）年3月3日に西船橋〜千葉港（現・千葉みなと）間で旅客営業を始めた際、同線用車両として103系が津田沼電車区（後の習志野電車区）に集められた。4両編成と6両編成があり、朝夕の混雑時には二種類の編成を併結した10両で運転した。◎京葉線　葛西臨海公園〜舞浜　1991（平成3）年4月28日　撮影：松本正敏（RGG）

国鉄時代より京葉線で旅客輸送を担った103系。車体塗装はスカイブルー（青22号）で統一された。日中は6両編成で運転した。また京葉線では1988（昭和63）年の新木場延伸開業に伴いATS-Pが設置され、同路線と武蔵野線用の103系に対応機器が設置された。◎京葉線　越中島〜潮見　1990（平成2）年3月10日　撮影：荒川好夫（RGG）

103系の後継車両として、中央・総武緩行線の運用に当たっていた201系が、2000（平成12）年に京葉線へ転入して来た。後に中央線の快速用であった電車も転用され、その中には試作車両の900番台車編成も含まれていた。一部の列車は内房線、外房線、東金線に乗り入れた。◎京葉線　葛西臨海公園〜舞浜　2004（平成16）年11月23日　撮影：荒川好夫（RGG）

京葉線の東京延伸で205系が新製され、1990（平成2）年3月1日から営業運転を開始した。沿線にある東京ディズニーランドを意識し、制御車の運転台周りは黒い縁取りの上下が緩やかな弧を描く形状となった。当路線の新たなイメージカラーであるワインレッド（赤14号）の帯を巻く。◎京葉線　越中島〜潮見　1990（平成2）年3月10日　撮影：荒川好夫（RGG）

新木場延伸開業に合わせて、武蔵野線の列車が西船橋駅より京葉線へ直通運転するようになった。当初の編成は6両。1991（平成3）年より8両編成化が進められた。車体の塗装は中央線の快速等で親しまれたオレンジバーミリオンだった。
◎京葉線　葛西臨海公園〜舞浜　1990（平成2）年3月10日　撮影：松本正敏（RGG）

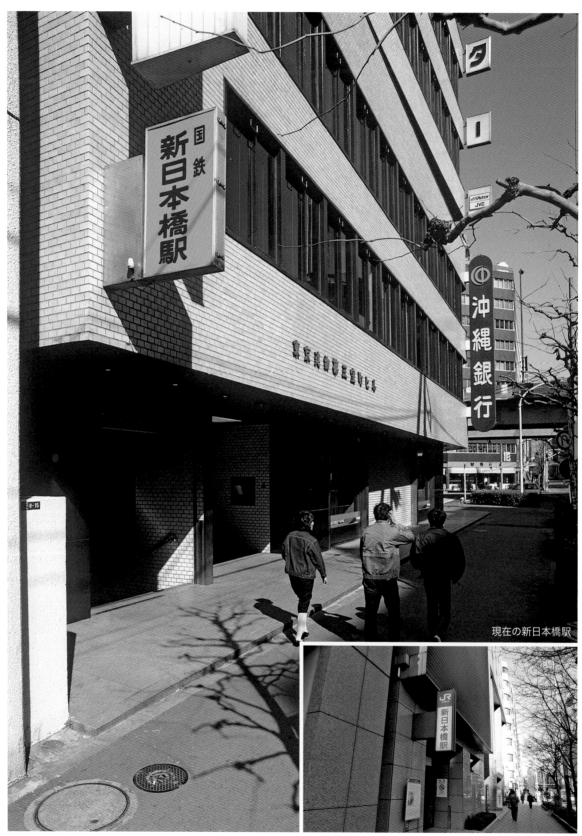

現在の新日本橋駅

銀行が入ったビルの一画に出入り口が設けられた新日本橋駅。繁華街銀座4丁目へ続く中央通りの直下にある。東京〜錦糸町間の地下区間完成に伴い、1972（昭和47）年7月15日に開業した。同区間の開業で総武線の起点駅は御茶ノ水から東京に変更された。現在は地下鉄銀座線、半蔵門線との乗り換え駅としても機能している。◎新日本橋　1987（昭和62）年2月11日　撮影：松本正敏（RGG）

現在の馬喰町駅

衣類、装飾品等を扱う日本橋横山町・馬喰町問屋街を横切る江戸通りの地下に延びる総武快速線。馬喰町駅の出入り口は通りに並び建つビルの間に設置されている。上部に掛かる駅名票は、漢字とローマ字で名称が記された簡潔な装い。国鉄（現・JR東日本）時代には漢字表記のみで「国鉄」の記載があった。◎馬喰町　1985（昭和60）年5月12日　撮影：森嶋孝司（RGG）

現在の浅草橋駅

総武線御茶ノ水〜両国間の延伸開業に伴い、1932（昭和7）年に開業した浅草橋駅。駅の南側を流れる神田川に駅名の由来となった浅草橋が架かる。国道6号線　江戸通りに面して質実剛健な面構えをしたコンクリート造りの駅舎が建っていた。
◎浅草橋　1983（昭和58）年2月27日　撮影：森嶋孝司（RGG）

神田川が隅田川に注ぐ浅草橋駅周辺の地図。浅草橋は神田川に架かる橋で、下流に花柳界とし
て有名になった柳橋がある。総武線の南側には、両国橋で結ばれた靖国通り・京葉道路が走っ
ている。古くはこの橋の東西が「両国」と呼ばれ、浅草橋の南側に両国郵便局が見える。

浅草橋駅
ASAKUSABASHI STATION

明治期に総武本線の前身となった総武鉄道のターミナル駅として開業した両国駅。1932（昭和7）年に御茶ノ水までの電車線（緩行線）が開業した後も、多くの優等列車が長らく始発終点とした。国鉄が民営化されてからも特急「あやめ」「すいごう」が1988（昭和63）年3月のダイヤ改正前まで乗り入れた。◎両国　1982（昭和57）年8月23日　撮影：森嶋孝司（RGG）

現在の両国駅

1955年
（昭和30年）

現在は西口（北）側に両国国技
館、江戸東京博物館がある両国
駅。かつては総武線の東京側の
起終点駅で、北側には卸売市場、
ヤードが存在した。この時期、
京葉道路の南側には、旧両国国
技館から変わった国際スタジア
ムがあったが、ここはもともと
回向院の境内であった。

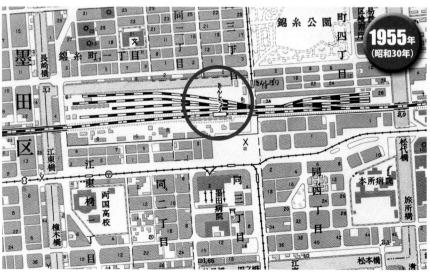

北に錦糸公園、南に都立両国高校が見える錦糸町駅周辺の地図である。駅周辺は墨田区で、東側を流れる横十間川などが墨田区と江東区の境界になっている。駅前（南側）にあった墨田病院は東側の本所病院と統合されて墨東病院となり、移転した跡地は丸井錦糸町店などに変わっている。

墨田区内屈指の繁華街にある錦糸町駅。南口には大型商業施設を含む駅ビル「テルミナ」が1962（昭和37）年に開店した。高度経済成長期の下で商業地域における駅周辺の開発は継続して行われ、1980（昭和55）年に北口で新駅ビル「らがーる（現・テルミナ2）」が開店した。
◎錦糸町　1987（昭和62）年2月11日
撮影：松本正敏（RGG）

現在の錦糸町駅

煉瓦積み調の壁面が落ち着いた雰囲気を醸
し出すビルは亀戸駅の北口に建つ「エルナード
（現・アトレ亀戸）」。当駅に乗り入れる総武線
と東武鉄道亀戸線は、いずれも高架部分に1
面2線のホームを備える。また、構内の南側を
通る総武本線の貨物支線である越中島貨物線
は、当駅より越中島貨物駅に向かって進路を南
へ変える。
◎亀戸　1987（昭和62）年2月15日
撮影：松本正敏（RGG）

現在の亀戸駅

高架化された単線を走る越中島支線は1929（昭和４）年小名木川の水運との物流連絡のため小名木川駅まで開通した。その後、昭和30年代に越中島（現・越中島貨物）駅まで延伸された。越中島支線は開通以来、全線単線、非電化のままである。
◎平井〜亀戸　2000（平成12）年　撮影：矢崎康雄

総武線の亀戸駅からは、南北に２本の路線が延びている。北側に向かうのは東武亀戸線、南側に延びるのは越中島貨物支線である。また、この時期に見える都電は、もともとは城東電気軌道が開いた路線であり、東側の小松川、南側の砂町方面に向かっていた。

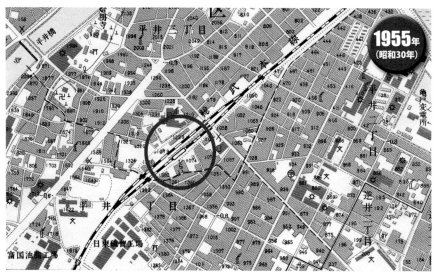

1955年
（昭和30年）

北西には旧中川が流れ、平井橋が架けられている。この橋に近い燈明寺は、「平井聖天」と呼ばれて崇敬されてきた真言宗豊山派の寺院で、戦後に新義真言宗に変わっている。また、東側に見えるのは荒川である。平井駅は1899（明治32）年４月、総武鉄道時代に開業している。

旧中川と荒川に挟まれた江戸川区平井
にある平井駅。急行線と緩行線が並行
する総武線の複々線区間にあって、各
駅停車のみが停車する。改札等の駅機
能は高架下に集約されている。北口、
南口共、駅前付近には上野や東大島、
葛西等に向かう都営バスが発着するバ
ス停が集まる。
◎平井　1987（昭和62）年2月11日
撮影：松本正敏（RGG）

現在の平井駅

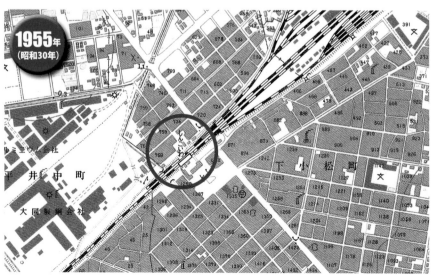

駅の西側に大同製鋼会社の工場が広がる新小岩駅周辺の地図である。この駅の北東にはかつて新小岩機関区が置かれており、現在は規模が縮小されて、新小岩信号場駅が存在するほか、跡地では再開発も行われている。西側の工場跡地には、新小岩公園が開園している。

駅前ロータリーが未だ整備途上の雰囲気を残す新小岩駅南口。当駅は大正時代に信号場から駅に昇格した。小岩方に大規模な操車場があった。現在も付近には新小岩信号場駅が置かれている。貨物扱い、操車場業務は1968（昭和43）年に新小岩駅から当貨物駅へ移された。
◎新小岩　1987（昭和62）年2月11日
撮影：松本正敏

現在の新小岩駅

この小岩駅は、新中川と江戸川の間に位置する総武線における都内最東の駅であり、江戸川の先には千葉県の市川駅がある。駅の北側を走るのは蔵前橋通りで、東側で千葉街道に合流している。一方、駅の北西、六軒島交差点では蔵前橋通りと奥戸街道が合流している。

東京と千葉の都県境近くの街、江戸川区南小岩にある小岩駅。低く優しい陽光が構内を照らし出し、中央・総武緩行線の路線色である「カナリアイエロー」塗色の電車が高架ホームに停車する。「建国記念の日」を迎えた駅舎の出入り口付近には日本国旗が掲揚されていた。
◎小岩　1987（昭和62）年2月11日
撮影：松本正敏（RGG）

現在の小岩駅

東京駅の南側を横切る通りの地下を東方へ延びる京葉線は、末端区間の新木場〜東京間が国鉄から民営化後の1990（平成2）年3月10日に開業。八丁堀駅は新大橋通りとの交差点付近で開業した。新大橋通りの直下では営団地下鉄（現・東京メトロ）日比谷線の同名駅が1963（昭和38）年に開業していた。
◎八丁堀　1990（平成2）年3月10日
撮影：荒川好夫（RGG）

現在の八丁堀駅

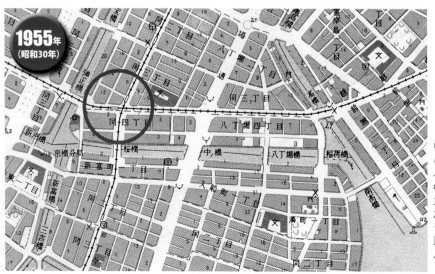

「八丁堀」という言葉の響きから連想されるのは、江戸時代の与力、同心か。テレビドラマの中で、藤田まことが演じる中村主水が「八丁堀」と呼ばれていたのを覚えている方も多いだろう。駅の開業は、東京メトロ日比谷線が1963（昭和38）年2月、京葉線は1990（平成2）年3月である。

壁面に装飾が施された開業当日の越中島駅。出入り口
付近にはトラ塗りの安全柵が未だ置かれていた。当駅
付近で京葉線は江東区越中島、塩浜から枝川に至る
臨海部の埋め立て地を結ぶ、産業道路の直下を通る。
駅の周辺は東京海洋大学の施設に囲まれている。
◎越中島　1990（平成2）年3月10日
撮影：荒川好夫（RGG）

現在の越中島駅

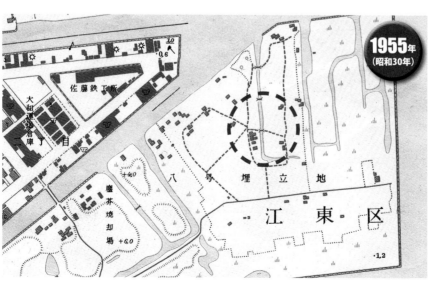

千葉方面に向かう京葉線が、南側に大きくカーブする場所に置かれている潮見駅。駅の所在地は江東区潮見2丁目で、この時期は八号埋立地と呼ばれていた。西側の現・潮見1丁目には塵芥焼却場（廃棄物処分場）が存在。北東の現・枝川には佐藤鉄工場などがあったが、現在はマンションなどになっている。

東京湾臨海部の運河に囲まれた三角地
帯にある潮見駅。駅の周辺は埋め立て
地を造成した住宅街だ。京葉線の列車
と共に西船橋から武蔵野線へ乗り入れ
る列車も停車する。写真は開業当日の
様子。真新しいホーム壁面に記載され
た赤い駅名が鮮やかである。
◎潮見　1990（平成2）年3月10日
撮影：荒川好夫（RGG）

現在の潮見駅

開業まで2カ月足らずとなった頃の新木場駅。出入り口付近にはロープが張られていた。営団地下鉄（現・東京メトロ）有楽町線の新富町〜当駅間は1988（昭和63）年6月8日に開業。同年12月1日に京葉線当駅〜南船橋間、市川塩浜〜西船橋間が開業し、新木場は国鉄（現・JR東日本）路線と地下鉄の接続駅となった。
◎新木場　1988（昭和63）年4月26日
撮影：森嶋孝司（RGG）

現在の新木場駅

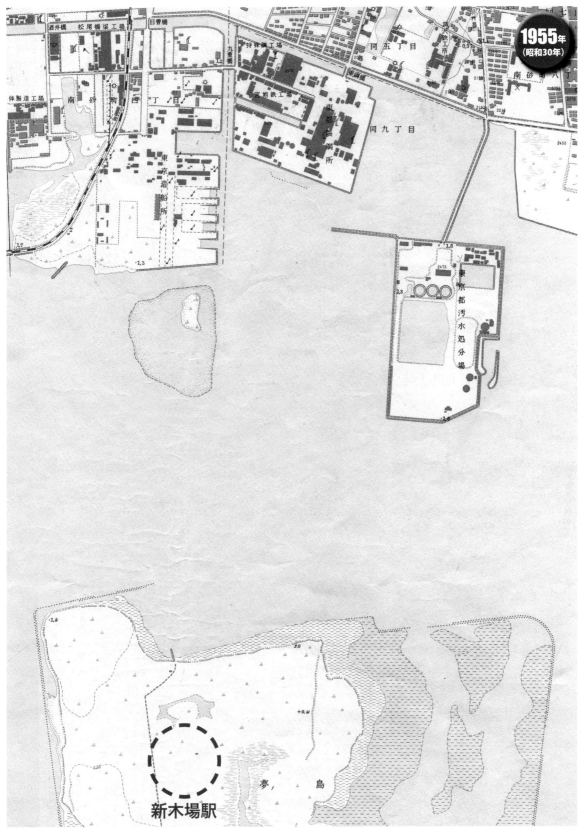

酒井橋　松尾橋梁工場　日曽橋

九重橋

特殊鋼工場

東鋼橋

南砂町八丁目

体製造工場

南砂町四丁目

富岡鉄工場

東京造船所

東都圧延製鋼所

同五丁目

同九丁目

東京都汚水処分場

新木場駅

夢の島

江東区新木場1丁目に置かれている京葉線の新木場駅。北側はかつての「夢の島」で、現在は熱帯植物園、総合運動場などがある夢の島公園が存在する。駅の南側は貯木場であり、ここが「新木場」と呼ばれるのは、木場に存在した材木商、木材加工場などの移転地となったからである。

荒川と旧江戸川が注ぐ東京湾の臨海部で開業した葛西臨海公園駅。構内の南側には葛西沖開発事業で造られた都立の葛西臨海公園、葛西海浜公園が広がる。計画当初、当駅の仮駅名は「葛西沖」だった。駅名となった葛西臨海公園は当駅の開業よりも遅い1989（平成元）年の開園である。◎葛西臨海公園　1988（昭和63）年11月9日　撮影：森嶋孝司（RGG）

現在の葛西臨海公園駅

【著者プロフィール】

牧野和人（まきの かずと）

1962年、三重県生まれ。写真家。京都工芸繊維大学卒。幼少期より鉄道の撮影に親しむ。平成13年より生業として写真撮影、執筆業に取り組み、撮影会講師等を務める。企業広告、カレンダー、時刻表、旅行誌、趣味誌等に作品を多数発表。臨場感溢れる絵づくりをもっとうに四季の移ろいを求めて全国各地へ出向いている。

【写真提供】

荻原二郎、矢崎康雄、安田就視
ＲＧＧ（荒川好夫、松本正敏、森嶋孝司、米村博行）
朝日新聞社

【地図解説】

生田 誠

【現在の駅舎撮影】

斎藤智子（フォト・パブリッシング）

懐かしい
国鉄駅舎と鉄道風景
（都区内区間）
【東北線、山手線、赤羽線、常磐線、総武線、京葉線】

2020年11月30日　第1刷発行

著　者……………………牧野和人
発行人……………………高山和彦
発行所……………………株式会社フォト・パブリッシング
　　　　　　　　　　　　〒 161-0032　東京都新宿区中落合 2-12-26
　　　　　　　　　　　　TEL.03-6914-0121 FAX.03-5955-8101
発売元……………………株式会社メディアパル（共同出版者・流通責任者）
　　　　　　　　　　　　〒 162-8710　東京都新宿区東五軒町 6-24
　　　　　　　　　　　　TEL.03-5261-1171 FAX.03-3235-4645
デザイン・DTP ………柏倉栄治（装丁・本文とも）
印刷所……………………新星社西川印刷株式会社

ISBN978-4-8021-3215-2 C0026

本書の内容についてのお問い合わせは、上記の発行元（フォト・パブリッシング）編集部宛てのEメール（henshuubu@photo-pub.co.jp）または郵送・ファックスによる書面にてお願いいたします。